ÉTUDES

DE

FORTIFICATION PERMANENTE.

I.

PLAN ET DESCRIPTION

DE LA

CITADELLE FÉDÉRALE DE RASTADT,

D'APRÈS DES DOCUMENTS AUTHENTIQUES,

EXAMEN DU TRACÉ DES OUVRAGES DÉFENSIFS EXTÉRIEURS ET DE CEUX DE L'ENCEINTE. — APPRÉCIATION DE LEUR CAPACITÉ DE RÉSISTANCE. — PLAN D'ATTAQUE DIRIGÉE CONTRE LE FORT LÉOPOLD COMME ÉTUDE DE TRAVAUX DE SIÉGE CONTRE UNE PLACE FORTIFIÉE D'APRÈS L'ÉCOLE ALLEMANDE.

Par le baron Maurice de Sellon,

Capitaine du génie d'état-major de la Confédération suisse,
Chevalier de la Légion d'honneur et de l'ordre de François Ier (des Deux-Siciles),
ancien élève de l'école Polytechnique.

PARIS,

LIBRAIRIE MILITAIRE, MARITIME ET POLYTECHNIQUE

DE J. CORRÉARD,

LIBRAIRE-ÉDITEUR ET LIBRAIRE COMMISSIONNAIRE,

RUE CHRISTINE, 1.

1850.

PLAN ET DESCRIPTION

DE LA CITADELLE FÉDÉRALE

DE RASTADT.

SAINT-CLOUD. — IMPRIMERIE DE BELIN-MANDAR.

I.

PLAN ET DESCRIPTION

DE LA CITADELLE FÉDÉRALE

DE RASTADT,

D'après des documents authentiques.

EXAMEN DU TRACÉ DES OUVRAGES DÉFENSIFS EXTÉRIEURS ET DE CEUX DE L'ENCEINTE. — APPRÉCIATION DE LEUR CAPACITÉ DE RÉSISTANCE. — PLAN D'ATTAQUE DIRIGÉE CONTRE LE FORT LÉOPOLD COMME ÉTUDE DE TRAVAUX DE SIÉGE CONTRE UNE PLACE FORTIFIÉE D'APRÈS L'ÉCOLE ALLEMANDE.

OUVRAGE DESTINÉ A SERVIR DE COMPLÉMENT

aux Mémoires sur la Fortification tenaillée et polygonale et sur les Tracés bastionnés ;

Par le baron Maurice de Sellon,

Capitaine du génie dans la Confédération suisse, Chevalier de la Légion d'honneur et de l'ordre de François Ier (des Deux-Siciles), ancien élève de l'Ecole Polytechnique.

AVEC UN ATLAS DE 3 PLANCHES.

PARIS,

LIBRAIRIE MILITAIRE, MARITIME ET POLYTECHNIQUE

DE J. CORRÉARD,

LIBRAIRE-ÉDITEUR ET LIBRAIRE-COMMISSIONNAIRE,
Rue Christine, 1.

1850.

PRÉFACE.

C'est le Rhin qui forme la ligne de séparation entr
la France et l'Allemagne de Bâle à Lauterburg. A par-
tir de cette ville, l'ancien Palatinat du Rhin pousse un
cap sur la rive gauche du fleuve, qui s'étend jusqu'aux
frontières de la Prusse Rhénane.

Ces deux pays, le Palatinat du Rhin et la Prusse
Rhénane, sont gardés par des places importantes telles
que Saarlouis, Landau, Germersheim. En revanche, de
Lauterburg à Bâle, la rive droite du Rhin ne comptait
pas une place forte jusqu'au moment où la Confédération germanique décréta d'ériger Rastadt en citadelle
fédérale. La France dans un cas de guerre continentale

où il lui aurait convenu de déboucher en Allemagne par les avenues de la Forêt-Noire, pouvait concentrer ses forces sur la rive gauche et appuyer sa base d'opération sur les places de Bitche, Metz, Strasbourg, Haguenau, Béfort et Besançon, et envahir le grand-duché de Bade et le Wurtemberg sans avoir à se heurter contre aucune place fortifiée. Il n'en est plus de même aujourd'hui. A cheval sur la route de Strasbourg à Heidelberg, sentinelle avancée du Wurtemberg, Rastadt ferme les avenues de la basse Allemagne. Il faut le dire, le choix de Rastadt comme ville forte est des plus judicieux ; il nous a paru intéressant d'examiner à quel système de fortification les ingénieurs de la Confédération germanique ont accordé la préférence dans une circonstance aussi capitale pour eux, puisqu'elle se rattachait à une question de nationalité. — Il est constant pour nous que le tracé adopté a dû leur paraître l'expression de ce qu'il y a de nos jours de plus parfait en fait de tracé, puisqu'ils l'ont appliqué à Rastadt. — Et comme le plan que nous allons produire et discuter a été levé et dessiné d'après les données les plus authentiques, il ne peut manquer de résulter de cet examen des conclusions matériellement exactes et qui avanceront le domaine de la science de la fortification en général. — C'est l'unique but que nous nous sommes proposé en écrivant cet ouvrage. Nous n'avons jamais eu, disons-le, qu'une seule chose en vue depuis le jour où nous débutâmes devant le monde militaire savant, en publiant l'*Essai sur la Fortification moderne,* c'est d'appeler sur les deux écoles française et allemande, sur les systèmes bastionnés et les systèmes de Montalembert corrigés ou modifiés, l'attention des hommes de guerre et de savoir et d'arriver au moyen d'une discussion impartiale et consciencieuse à améliorer cette grande et belle science de la fortification. — Loin de nous la pensée de chercher à surprendre des secrets qui puissent intéresser la sûreté d'un Etat. Au surplus, il est superflu de chercher à repousser loin de nous une semblable accusation. Qui ne sait, en effet, que de nos jours, les plans des places de guerre allemandes se trouvent dans les portefeuilles du dépôt de la guerre à Paris, de même que les plans des places françaises sont dans les portefeuilles des Ministères de la guerre de Vienne ou de Berlin ? Le plan que nous reproduisons, quelque fidèle qu'il soit, n'apprendrait donc rien au Comité du génie français ! — Et pour peu qu'on soit ingénieur, on saura comprendre la différence immense qui existe entre un plan levé par courbes horizontales et minutieusement coté, d'après lequel on peut faire *son siége* dans le cabinet, et un plan qui ne donne que la magistrale du tracé et au moyen duquel on se borne à discuter le fort et le faible d'un système de fortification (1).

(1) C'est la connaissance particulière que nous avons de quelques points du terrain environnant qui nous a permis de joindre à la discussion du tracé des enceintes et des forts de Rastadt un plan d'attaque dirigé sur le fort Léopold. Nous avons apporté la plus grande attention à n'omettre aucune des circonstances favorables à l'assiégé, et à mettre en relief toutes les ressources de la guerre de retranchement.

EXAMEN

DU

TRACÉ DES OUVRAGES DÉFENSIFS EXTÉRIEURS

ET DE CEUX DE L'ENCEINTE.

Quatre routes principales aboutissent à Rastadt, celle de Kehl, celle de Baden et Offenbourg, celle du Murgthal et celle de Carlsruhe, sans compter le chemin de fer de Carlsruhe à Strasbourg, situé sur la rive droite de la Murg et qui passe à 120^m du pied des glacis du fort B.

Plusieurs ruisseaux peuvent activement coopérer à la défense de la place : 1° l'Oosbach qui coule à droite de la route de Bade, traverse la caponnière de la lunette 33, arrose le pied des glacis de la demi-lune 10 du fort Léopold, et passe dans le fossé et sous la branche droite de la courtine brisée de l'Oberer Anschluss (enceinte supérieure) pour aller à travers la ville se jeter dans la Murg. 2° le Rohrgraben qui coule presque parallèlement à l'Oosbach, traverse comme lui la caponnière de la lunette 33 et va rejoindre une saignée faite à la Murg pour remplir les fossés de l'Oberer-Anschluss; 3° le Mühlbach, qui sort des hauteurs de Iffezheim, pourrait servir à tendre une inondation dans les plaines dites Kohlengarten et Bruch-Wiesen situées entre ce ruisseau, le Mittlerer-Anschluss (enceinte du milieu) et le pied de l'escarpement sur le sommet duquel passe la route de Kehl. Les villages qui entourent Rastadt sont : Niederbühl dont les premières maisons sont à 2 kilom. du château de Rastadt pris comme point central, et Rheinau qui en est à 1500^m. Devant ces deux bourgs il existe un pont sur le Murg. Les environs dans un rayon moyen de 2 kilom. à 2 kilom. 1/2 sont fort boisés, car il s'y trouve 4 forêts, le Rastatter-Wald, l'Ober et le Nieder-Wald, l'Iffezheimer-Wald, et le Niederbühler-Wald. — Du reste le terrain est peu accidenté dans les environs de Rastadt, mais il résulte des recherches que nous avons faites, que les plateaux appelés Im Munchfeld et Hurtsfeld, compris entre Niederbuhl et la route de Kehl à Rastadt, sont ceux où se rencontrent les points les plus élevés. En effet, 0 étant la côte du niveau de la mer, nous trouvons la cote 138^m, 30 à la droite de la route de Kehl, à 900^m du pied des glacis de la lunette 34; la cote 125,70 à 200^m du pied des glacis du flanc gauche de cette même redoute, et enfin la côte 122,40 à l'entrée de Niederbuhl, à 520^m de la queue des glacis du fort Léopold : il paraîtrait donc déjà, sans que nous insistions pour le moment davantage sur cette donnée, que le côté le plus favorable à l'ouverture des approches contre la place de la part de la France serait la partie S. E., sur laquelle en outre débouchent la route de Kehl et le chemin de fer de Bâle à Karlsruhe qui se rattachent à sa base d'opérations naturelle.

Ouvrages extérieurs. — Les ingénieurs allemands ont bien compris la nécessité de tenir l'ennemi à distance de ce côté-là, car ils ont établi le saillant des 2 lunettes 34 et 33 à 300^m de la queue des glacis du fort Léopold pour en éclairer les approches.

Du côté nord, sur la rive droite de la Murg et pour commander le chemin de fer de Kehl, on a construit 3 lunettes 45, 46 et 47 dont les saillants sont à 560^m en avant de la queue des glacis du fort B : la voie ferrée passe dans la lunette 46.

Du côté nord nord-ouest, à 1000^m environ de l'extrémité des glacis du bastion 24 (fort B), le terrain est à la cote 126,30 : on a occupé cette hauteur par la redoute eptagonale n° 44. Ce plateau dominant vient se terminer à un escarpement sinueux qui commence à 120^m des glacis du bastion 24 (fort B) et borne la plaine dite Nieder-Wiesen — en avant de l'Unterer-Anschluss (enceinte inférieure). Les deux redoutes 41 et 42, reliées ensemble par une courtine brisée en avant, terminent cette plaine qui

pourrait servir au besoin de camp retranché. La redoute
42 est à 460ᵐ de la redoute 44, à laquelle elle est ratta-
chée par une caponnière à double glacis à 720ᵐ de la
redoute 41 qui est appuyée à la Murg. De l'autre côté du
fleuve pour couvrir le village de Rheinau et son pont,
on a construit la redoute 40. Ces deux ouvrages (41 et
40) forment une véritable tête de pont en avant des fronts
ouest de la place.

Les fronts du sud sont éclairés par les redoutes 37,
36 et 35, placées à une distance moyenne de 850ᵐ de la
queue des glacis du Mittlerer-Anschluss (enceinte du milieu); ces trois ouvrages forment une tête de pont en
avant du Mühlbach, et assurent la possession de son
cours pour inonder les abords du Mittlerer-Anschluss.

Nous allons reprendre en détail chacun de ces ouvrages extérieurs.

Lunette 34. — Cet ouvrage, placé à 300ᵐ de la
queue des glacis du bastion n° 5 du fort A, a pour but,
comme nous l'avons dit, de surveiller les deux routes de
Kehl et d'Offembourg qui passent sous son canon et pé-
nètrent dans la ville par le bastion n° 11. La lunette 34
surveille en outre les escarpements qui dominent le
Bruch-Wiesen, de manière à ce qu'on ne puisse pas dé-
rober ses approches derrière ce fort pli de terrain. Entre
le Bruch-Wiesen et le plateau sur lequel passe la route
de Kehl, il y a environ 8ᵐ,80 de différence de niveau.

La longueur des flancs est de 40ᵐ ainsi que celle
des faces; l'escarpe et la contrescarpe sont revêtues, et

l'ouvrage est fermé à la gorge par un mur crénelé qui vient s'appuyer à un réduit en tour à la Montalembert de 10^m de rayon. Au saillant on a établi une batterie casematée à l'épreuve de la bombe pour lancer des obus en capitale. Le réduit de la lunette communique avec le bastion n° 5, au moyen d'une double caponnière à ciel ouvert.

Lunette n° 33. — A 640^m de la lunette n° 34 on trouve la lunette n° 33; elle est construite sur le même modèle que la précédente, si ce n'est qu'on a ajouté une traverse voûtée qui fait communiquer de la tour à la Montalembert du réduit avec la batterie case-matée du saillants et sur les deux angles d'épaule 2 petits bastionnets ou *oreilles de chat* pour flanquer les fossés des faces et des flancs. C'est un ouvrage fort important, parce qu'il tient sous son canon le village de Niederbuhl et qu'il peut battre les abords du pont sur le Murg qui n'en est éloigné que de 850^m environ. Ces deux lunettes par leur saillie en avant des plateaux du Munchfeld et du Hurtsfeld forceraient l'ennemi à reculer de 300^m environ l'ouverture de sa tranchée contre le fort Léopold, si, comme nous le verrons plus tard, il choisissait ce côté de la place pour y commencer ses opérations de siége.

Redoutes 45, 46 et 47. — Ces ouvrages sont destinés à former en quelque sorte la tête de pont du chemin de fer de Carlsruhe : ils le ferment du côté de

Kehl, l'enfilent de leurs feux, et en même temps protégent les arrivages du nord de l'Allemagne qui seraient destinés à ravitailler la garnison : la lunette 47 a 40ᵐ de face et 30ᵐ de flancs ; elle porte à la gorge une tour demi-circulaire qui se lie à un autre ouvrage en maçonnerie qui bat les fossés. Ce dernier ouvrage a la forme d'un fer à cheval (c'est une forme très-souvent employée par les ingénieurs allemands, pour obtenir des feux divergents), et des galeries casematées ouvertes par le fond dans lesquelles la circulation de l'air et de la fumée se fait beaucoup mieux que dans les anciennes casemates à la Montalembert. Les autres ouvrages sont, la redoute décagonale 45 de 40ᵐ de côté, avec un grand réduit en maçonnerie à la gorge, la redoute pentagonale 46, sans réduit, et dont le canon enfile le chemin de fer et balaye les fossés des deux autres ouvrages.

Redoute n° 43. — A un kilomètre environ des glacis de la redoute n° 45 et à 280ᵐ en avant de la crête du glacis du bastion 24 du fort B, les Allemands ont élevé sur le Rethererberg une redoute hexagonale de 40ᵐ de côté pour éclairer ce plateau assez élevé, et pour flanquer par des feux dominants les abords de l'Unterer-Anschluss qui se trouve un peu dans un rentrant, entre le fort B et la lunette n° 39 ; elle est fermée à la gorge par un mur crénelé, et son fossé est battu par le parapet de la double caponnière qui la met en communication avec le chemin couvert du bastion n° 24 ; elle a une escarpe revêtue, et pas de réduit.

Redoute n° 44. — 720^m environ forment la distance qui sépare la crête de feu de cette redoute de la tour à la Montalembert qui sert de réduit à la redoute ennéagonale n° 44, ses côtés ont 40^m, et elle est fermée à la gorge par un mur crénelé en éventail, appuyé d'un côté à la tour, et de l'autre, au rentrant du parapet. Les glacis en sont très-escarpés vers le nord ; une double caponnière la relie à la redoute n° 42 : et le terrain a obligé de faire en avant de cette caponnière un double glacis pour qu'on pût le raccorder avec le niveau du Rastatter-Wald.

Redoute 42. — Cette redoute hexagonale, de 40^m de côté, a un réduit à la gorge en forme de tour épatée ; ses fossés ne sont pas de niveau : ils se raccordent d'un côté avec le niveau de la double caponnière dont nous venons de parler, et de l'autre avec celui de la gorge et avec le fond du fossé de la courtine qui unit la redoute 42 à la redoute 41 ; cela s'explique d'ailleurs très-bien par la forme de l'escarpement du Rethererberg dans lequel la redoute 42 a été taillée.

Redoutes 41 et 40. — La redoute 41 a trois grands côtés de 40^m et deux plus petits. Son réduit casematé en forme de trèfle a pour objet de battre le terreplein quand il serait pris, et à balayer les fossés de la courtine, qui à son tour par son parapet protége les fossés de cette redoute. La redoute 40 est destinée à surveiller le village de Rheinau et à couvrir de concert avec la précédente le passage de la Murg. Elle a un réduit casematé en forme de T qui balayerait le terre-plein et les fossés de la gorge, s'ils venaient à être envahis.

Redoutes 35, 36 et 37. — La redoute octogonale 37 a des côtés de 20^m et un réduit casematé. La redoute hexagonale 35 a des côtés de 30^m et un réduit en tour épatée. Toutes deux flanquent les abords de la redoute centrale 36, qui sert de tête de pont et qui a trois côtés de 50^m et deux de 20 à 25 avec un grand réduit central, et un fossé de 40^m de largeur.

Réflexions sur les ouvrages extérieurs. — Ces ouvrages sont en général habilement disposés : nous nous permettrons seulement une légère observation à l'égard des ouvrages du front nord. Il nous semble que la lunette 39 du fort C ne suffit pas, avec la lunette 40 placée telle qu'elle est à fermer complétement la trouée qui se trouve à la gorge des ouvrages extérieurs du Niederwiesen. Il ne faut pas oublier que la grande route de Strasbourg à Lauterburg passe à Seltz, c'est-à-dire à 7 kilomètres de Rheinau ; que si un corps d'armée franchissait le Rhin à Plittersdorf, c'est-à-dire à 3 kilomètres de Rheinau, il pourrait brusquer sur ce village une attaque de nuit, passer la Murg sur le pont qui se trouve en amont, et tomber sur les derrières des quatre ouvrages 44, 42, 41 et 40 qu'il prendrait par la gorge, et dont la possession lui serait une précieuse base d'opération pour commencer l'attaque de l'Unterer-Anschluss (1).

(1) La trouée est de 900^m en comptant l'intervalle qui sépare les

Enceintes de Rastadt. — *berer-Anschluss*.

— L'Oberer-Anschluss (enceinte supérieure) s'appuie par sa gauche au fort B et par sa droite au fort Léopold : elle est composée de 2 courtines brisées en avant, à la manière de Daniel Speckles, réunies par un bastion à orillon. La courtine commence à la Murg qui la sépare du fort B et qui isole cette épaule du reste de la ville en formant un havre que ferme la caserne casematée n° 29. A cette caserne s'appuie un mur crénelé qui borde une rue de rempart de 10^m, et sert de retranchement contre l'intérieur dans le cas où l'ennemi aurait pénétré dans la place par une autre enceinte. En général les trois forts et les trois enceintes de Rastadt forment des ouvrages isolés et indépendants les uns des autres ; ce n'est pas là un des avantages les moins saillants du tracé adopté pour cette place.

La branche gauche de la courtine a 280^m, la droite 160. Au saillant est une traverse casematée. Le bastion 30 a des flancs de 40^m et des flancs retirés en orillons de 20^m, tous deux perpendiculaires sur la courtine : l'orillon a deux étages de flancs dont les lignes de feu sont distantes de 40^m l'une de l'autre. Les faces ont 95^m, l'angle saillant est de 140°, et on y a placé une pièce en traverse

crêtes de feu des lunettes 20, 39, 40 ; le terrain est donc battu par les feux croisés de 3 et même de 4 ouvrages, mais comme le Murg qui n'a là que 20^m n'est pas un obstacle sérieux, il aurait mieux valu placer la lunette 40 en tête du pont sur la Murg ; elle aurait mieux fermé la trouée sans perdre aucun des autres avantages que nous avons reconnus à la lunette n° 40.

casematée. Les flancs retirés sont séparés des grands
flancs par un mur crénelé qui vient s'appuyer à un réduit demi-circulaire de 40ᵐ de rayon extérieur et de 15ᵐ
d'épaisseur. Ce réduit se joint par deux murs crénelés
à une caserne casematée sur les flancs de laquelle about-
tit le grand mur de gorge de l'Oberer-Anschluss. Il résulte
de cette disposition que le bastion 30 a deux terre-pleins
séparés l'un de l'autre par un mur de retranchement, et
qu'il est, comme le reste de l'enceinte supérieure, isolé du
reste de la ville, en sorte que le logement au saillant du
bastion 30 n'entraîne pas nécessairement la prise du
bastion tout entier ni celle de l'enceinte supérieure.

La branche droite de la courtine qui va s'appuyer au
fort A est également brisée en avant et composée de
deux parties; l'une de 125, l'autre de 260ᵐ. Elle porte
au saillant une traverse casematée. Le mur de gorge de
l'enceinte a été à 30ᵐ du saillant porté en arrière de 8
à 10ᵐ, de manière à donner place à la construction
d'une caserne casematée qui sert de porte d'entrée à la
route du Murgthal qui passe au pied des glacis du
fort A. — Un fossé sec de 20ᵐ sépare le bastion nᵒ 1
du fort A de la rue de rempart de l'Oberer-Anschluss.

Les fossés de l'Oberer anschluss sont arrosés par la
Murg dont les eaux y arrivent par le bief Y ; ils ont
25ᵐ de largeur, leur contrescarpe n'est pas revêtue ; toutefois, le fossé de la branche droite de la courtine con-
tiguë au fort A n'est arrosé que jusqu'à 120ᵐ du saillant, et la route du Murgthal passe sur un pont-levis

jeté sur un fossé sec qui est commun au bastion n° 1
du fort A et à la demi-lune n° 10.

Mittlerer anschluss (Enceinte du milieu)
— L'enceinte du milieu se compose de deux courtines
brisées en avant, qui relient entre eux les 3 bastions 11,
12 et 13, dont le dernier fait plutôt partie du fort C.

La route de Kehl pénètre dans la ville par le bastion 11 contigu au fort Léopold : elle traverse le fossé
sec du bastion 7, sur un pont-levis, passe sous le canon d'une caserne casematée, qui bat le fossé sec des
bastions 7, 6, et celui qui va se réunir au fossé à l'eau
du bastion 11. Le terre-plein de ce bastion est, comme
les précédents, séparé en deux par un mur crénelé appuyé à droite à l'extrémité du grand flanc droit du bastion, et à gauche à la continuation du mur de gorge du
fort A.

Le réduit se compose ici d'une sorte de tour ou caponnière casematée ayant la forme d'un b, qui présente
sa convexité du côté du terre-plein pour le balayer en
cas de prise par l'ennemi. La partie rectiligne du réduit
regarde le débouché de la route de Kehl dans la ville
et la rue de rempart du Mittlerer-Anschluss.

La face droite du bastion 11 a 120ᵐ, On y a élevé
trois traverses, apparemment, pour la préserver du
ricochet. Le flanc haut de l'orillon à 25ᵐ. — La
courtine porte au saillant une traverse casematée.
Ses branches ont 125ᵐ de longueur.

Le bastion n° 12 n'a rien qui le distingue du bastion

n⁰ 30, dont nous avons donné la description dans l'O-berer-Anschluss ; il porte 5 traverses dont trois case-matées au saillant et aux angles d'épaule.

Sur la courtine suivante, qui s'appuie au bastion n⁰ 13 du fort C, on a placé une poterne au saillant, une tenaille dans le fossé et une flèche avec réduit dans le chemin couvert. Ces deux ouvrages sont destinés à couvrir la retraite des défenseurs des redoutes 35, 36 et 37, qui doit s'opérer par ce front-là (Voyez le plan). Les branches de cette courtine ont près de 200ᵐ. Des fossés sont inondés, et au pied du glacis règne une cu-nette dans laquelle les eaux sont amenées du Mühlbach et des marais du Bruch-Wiesen.

Unterer anschluss (Enceinte inférieure). — C'est une espèce d'ouvrage à cornes, qui ferme la ville au nord-est. Il se compose de deux bastions 20 et 21 réunis par une courtine. Le bastion 21 s'appuie au fort B. Le bastion 20 a une longue face qui domine la Murg, flanquée par un retour (19) et prolongée en arrière jusqu'à la culée du pont jeté à la gorge du fort C.

L'Unterer-Anschluss communique avec les redoutes 44, 42, 41 et 40, il sert de base d'opération au camp re-tranché qui pourrait occuper le Nieder-Wiesen, et pour couvrir sa rentrée dans la place par la poterne, on a placé, comme au Mittlerer-Anschluss, une tenaille sur la cour-tine et une lunette dans le chemin couvert avec un ré-duit à la gorge. Les fossés sont inondés par les eaux de la Murg. La face droite du bastion 20 porte trois tra-

verses dont une casematée au saillant. Le grand flanc
est séparé du flanc retiré par un mur crénelé qui s'appuie au réduit de la gorge qui a la forme d'une S, motivée par les flanquements. La rue de rempart des deux
longues branches du bastion 20 est séparée de la ville
par un mur de gorge crénelé, avec des traverses ou réduits casematés à chaque crochet que fait le mur. Le
·bastion 21 est aussi partagé en deux par un mur de
retranchement flanqué à droite et à gauche par un réduit central en maçonnerie.

Fort B. — Il serait absolument impossible de rendre
compte d'une manière claire du tracé des forts de Rastadt en général et de celui du fort B en particulier, si
on n'avait pas le plan sous les yeux, à cause de l'irré-
gularité, du morcellement des ouvrages et de l'innom-
brable quantité de petits réduits ou retranchements dont
on les a hérissés.

Le fort B est tracé d'après le système polygonal, comme le fort Alexandre de Coblentz, seulement on y trouve
une application assez heureuse du principe des flancs redoublés de Daniel Spekle, et une disposition de flanquements beaucoup plus avantageuse. Dans le fort Alexandre
les faces coïncident avec le côté extérieur, et s'appuient
aux deux petits flancs qui flanquent les faces de la caponnière centrale. Ici le front est à un double étage de flancs,
tous deux revêtus, le plus bas est casematé; mais au lieu de
joindre ces deux petits flancs ou batteries casematées qui
balayent le fossé des faces de la caponnière par une ligne droite, comme dans le tracé polygonal, ils sont re-

liés par un bastionnet central 25, dont les flancs vont s'appuyer perpendiculairement sur ceux des deux bastions 24 et 26. Le terre-plein qui sépare le flanc haut du petit flanc casematé est presque au niveau du fossé. En capitale du bastionnet 25, s'élève une caponnière casematée qui flanque les faces des bastions 26 et 24. Le fossé a 20^m, sa contrescarpe est revêtue dans les rentrants du chemin couvert. Les fossés sont armés de réduits casematés en forme de fer à cheval, bâtis au niveau du fossé avec un léger commandement sur les glacis et dont la contrescarpe est séparée par un intervalle de 6^m. Au-devant des saillants des bastions 24 et 26, la contrescarpe et le chemin couvert forment une saillie destinée à donner place dans le fossé à des réduits casematés à feux divergents, construits dans le même but que ceux des angles rentrants.

Le front nord du fort B se compose d'un bastion 24 et d'un demi-bastion 23 réunis par une courtine brisée en avant. A proprement parler, le front nord est un front tenaillé à angle obtus, dont l'angle rentrant est occupé par un réduit demi-circulaire qui flanque l'escarpe des demi-tenailles 23 et 24. Mais pour rendre ce rentrant plus fort on a pratiqué en arrière un retranchement bastionné dont l'escarpe est revêtue et la courtine brisée en avant de manière à ce que chacune des parties de cette seconde enceinte soit bien flanquée. Le chemin couvert communique avec le fossé par de larges rampes qui servent de débouché pour les défenseurs et l'artillerie des lunettes 44, 42 et 43 en cas de retraite forcée.

Sur le front sud l'escarpe est en ligne droite : le parapet seul suit le tracé bastionné par l'application du principe de l'indépendance des parapets et des escarpes. Le but de ce tracé était de mieux commander l'entrée de la ville de la route de Carlsruhe et du débouché du chemin de fer de Kehl. Ce chemin passe sur les glacis du front sud et traverse sur un pont-levis le fossé sec qui continue le fossé mouillé de l'Oberer-Anschluss.

L gor ge du fort B est occupée par un grand réduit de 180^m de longueur, sorte de caserne casematée avec caponnières saillantes sur le milieu pour servir de flanquement aux feux directs. Ce grand ouvrage est entouré d'un glacis à contrepente destiné à masquer ses maçonneries ; un mur crénelé qui s'appuie à cette caserne ferme la gorge du fort B.

Fort B. — Le fort A, appelé aussi fort Léopold, rappelle un peu le tracé circulaire de Montalembert et celui proposé par le colonel Wittich, en ce sens qu'il ne présente point de saillants fortement accusés comme les tracés bastionnés de l'école française. Le cercle est circonscrit à un polygone qui présente 6 espèces de bastions irréguliers disposés de manière à se prêter un bon flanquement. Sur la capitale des saillants 1, 3 et 5, on a construit dans le fossé une caponnière casematée pour balayer le fossé de 20^m (Voy. pl. 1), qui règne autour de l'escarpe. La caponnière du saillant 1 est en outre enveloppée d'une grande demi-lune (10) à laquelle elle sert de réduit. Les feux des flancs des bastions

6, 4 et 2 sont redoublés par le fait de batteries basses
casematées construites presque au niveau du fossé; en
avant de l'escarpe des bastions 2 et 4 règne une fausse
braie avec mur crénelé. Sur les saillants 5, 4, 3, 2,
et 1 on a construit des batteries couvertes dont le
blindage en charpente se pose sur des murs en aile
construits à l'avance. On en peut voir aussi une sur la
face gauche du bastion 6 et une sur l'angle rentrant de
courtine 7. Les réduits de places d'armes rentrantes et
saillantes consistent en petits ouvrages casematés qui
affectent la forme d'un fer à cheval et qui flanquent les
saillants des caponnières casematées, balayent le chemin couvert et le glacis. La gorge du vaste terre-plein
de ce fort est fermée par un grand réduit casematé n° 9 avec tour demi-circulaire en saillie sur les
ailes, destinée à servir de retranchement à la garnison.
Un glacis enveloppe ce réduit. Nous avons déjà parlé
des lunettes 34 et 33 qui sont jetées sur les capitales
des saillants 5 et 3 à 300^m environ de la queue des
glacis (Voy. le plan, pl. I).

Fort C. — Le fort C offre plusieurs dispositions
remarquables et qui le distinguent des deux autres. En
premier lieu il présente, en comptant les deux glacis
qui l'enveloppent, 4 enceintes ou 4 lignes concentriques
d'ouvrages défensifs. L'avant-glacis avec chemin couvert et contrescarpe à terre coulante va se relier au
glacis du Mittlerer-Anschluss. Un fossé plein d'eau
baigne l'escarpe non revêtue de deux lunettes 38 et 39,

dont le réduit en tour casematée porte des feux en
capitale : ces réduits s'appuient à un mur crénelé qui
ferme la gorge de la lunette ; elle communique par un
pont-levis avec une caponnière qui les relie à un 2ᵉ
glacis avec chemin couvert. La première enceinte du
fort est séparée de ce glacis par un fossé plein d'eau,
avec lequel un pont sur pilotis met en communication le bastion n° 14. Cette enceinte consiste en un front
bastionné 13-14, dont la courtine brisée en avant porte
au saillant un cavalier ou traverse casematée. Les
flancs des bastions ont 2 étages de feu, et les parapets
des faces de la courtine ont été brisés de manière à obtenir un flanquement pour les fossés des flancs de ces bastions qui sans cela auraient été sans défense. La saillie
du cavalier sur le fossé flanque les branches de la courtine. La seconde enceinte est séparée de la première par
un terre-plein qui est occupé à la gorge des bastions 14
et 13 par un réduit casematé demi-circulaire, et par un
fossé sec. Ces deux réduits servent aussi de flanquement
pour les 2 faces de cette seconde enceinte dont on a
recoupé les parapets conformément au principe de l'indépendance de l'escarpe et de la magistrale. 2 grands
réduits casematés en forme de fer à cheval occupent la
gorge de cette 2ᵉ enceinte, qui est fermée du côté de
la rivière par un mur crénelé. On peut isoler le fort C
au moyen d'une manœuvre d'eau qui fait communiquer les eaux du Mittlerer-Anschluss avec la Murg. Les
écluses sont placées vers le flanc retiré du bastion 13
et à l'extrémité de la face du bastion 14.

APPRÉCIATION

DE LA CAPACITÉ DE RÉSISTANCE DES OUVRAGES DE RASTADT.

La place a la forme d'un quadrilatère dont le côté le plus étroit regarderait le sud. Le côté de la base de l'enceinte (Unterer-Anschluss) tourné vers le nord est appuyé aux forts B et C. Les deux longs côtés, Oberer et Mittlerer-Anschluss, viennent se réunir au fort A, auquel aboutissent les routes de la vallée de la Murg, celle de Baden et celle de Kehl et d'Offenburg. La plaine dite Niederwiesen et les plateaux situés entre les redoutes 45, 47, et la redoute 44, sur le Rethererberg, pourraient servir de camp retranché.

Avant d'entrer dans l'appréciation détaillée de la capacité de résistance des divers fronts de la place, jetons un coup d'œil rapide sur son tracé en général.

Qu'est-ce qui doit frapper dès l'entrée l'attention de l'ingénieur militaire ?

Evidemment c'est qu'il n'y a nulle part de saillants ni de rentrants bien accusés : c'est que le seul côté

où l'assiégeant aurait de la peine à devenir envelop-
pant c'est celui du Mittlerer-Anschluss ; car une fois
qu'il se serait emparé des redoutes 37, 36 et 35, il
se trouverait devant des fronts en ligne rentrante et
vu à dos par les lunettes **36** et 34 : mais d'ailleurs
ce côté-là se défend déjà par lui-même, c'est un terrain bas et susceptible d'être inondé ; ce ne serait
pas là le front que l'ennemi choisirait pour attaquer.
Serait-ce le fort C ? Probablement non : il a 2 enceintes
en double glacis, et des ouvrages avancés. En outre,
la lunette 34 et la redoute 40 prendraient des revers
sur les attaques. L'Unterer-Anschluss est bien couvert
par les ouvrages avancés 40, 41, 42, 44 et 43. On
peut concentrer des troupes devant le Niederwiesen, à
l'abri de ces ouvrages, et se livrer à des retours offensifs. Les lunettes 39 et 43 sont assez en saillie pour
plonger dans les approches, ainsi que le bastion 24 du
fort B.

L'attaque sur le fort B supposerait la prise des ouvrages 42, 44, 43, 45 et 47, qui sont tous d'une importance réelle ; d'ailleurs, ce côté de la place regarde
l'Allemagne, et présente un terrain assez accidenté.

L'Oberer-Anschluss est un point peu menacé. La
Murg, les ouvrages 45 et 47 et le fort B gêneraient les
attaques sur le saillant du bastion n° 30. C'est un terrain
coupé par des biefs et des digues, et sur lequel le bastion 20 du fort B exercerait une action puissante.

Reste donc comme point d'attaque le fort Léopold.

Examinons sa situation topographique, si l'on peut s'exprimer ainsi.

C'est un point saillant sur lequel aucun des ouvrages de la place ne peut exercer d'action protectrice ou défensive directe. Les plateaux dits Im-Munchfeld et Hurtsfeld sont traversés par des routes qui servent d'avenues et de communications très-commodes aboutissants aux villages de Sandweier, Haueneberstein, Oos, et aux forêts d'Iffezheimer-Wald et de Niederbuhler-Wald. L'assiégeant, en dirigeant ses approches sur ce front, serait maître des cours d'eau de la Murg, de l'Oosbach et du Rohrgraben. En outre, c'est le côté de Kehl : dans l'hypothèse d'une attaque de la part de la France, le front sud de Rastadt serait son point objectif naturel. Les ingénieurs autrichiens se sont-ils suffisamment pénétrés de l'importance de ce front dans le tracé qu'ils ont adopté? c'est ce que nous allons examiner.

Si la ligne magistrale de l'Oberer-Anschluss au lieu de suivre une ligne courbe avait été poussée suivant la direction du bief du moulin, à 600^m environ du point Y (pl. I), et se fût appuyée là au bastion n° 1 du fort A, les fronts du fort Léopold eussent acquis une valeur de résistance bien autrement grande en obligeant l'ennemi à déborder ce front sur la rive droite de la Murg, et par cela même à prêter le flanc de plus près au bastion 26 du fort B, et aux redoutes 45 et 47. — Au lieu de cela, en choisissant pour capitale principale des attaques celle du bastion n° 4 (Voy. pl. III), une fois prises les lunettes 33 et 34, l'assiégeant n'a pas à redouter le moindre coup de revers. Nous convenons que les batteries 5, 10 et 13 sont vues (Voy. pl. III) par le bastion 26 et les redoutes 45 et 47, mais elles ne sont pas d'une nécessité absolue, surtout celles n° 10 et n° 13.; elles pourraient, si elles venaient à souffrir trop du feu de la place, être désarmées et reconstruites entre la 1re et la 2e parallèle, en arrière du village de Niederbühl où elles rempliraient également bien leur objet. Mais, nous le répétons, sauf des coups directs ou plongeants, les trois attaques dirigées suivant les capitales I, II, III, sont à peine vues de revers et à des distances trop considérables pour que les boulets ou les obus de l'assiégé puissent gêner l'assaillant dans ses tranchées.

Comme point fort, le bastion n° 30 de l'Oberer-Anschluss nous paraît mériter une mention spéciale, non à cause de son tracé, mais à cause de sa situation topographique. Le bief de la Murg et la rivière elle-même gêneraient beaucoup l'ouverture de la tranchée dans l'*exercier Platz*, et le bastion 26 du fort B exercerait sur les approches de l'assaillant une action flanquante très-redoutable.

Comme tracé, le fort C aurait notre préférence.

Il faudrait en effet que l'assiégeant commence par prendre les deux lunettes 39 et 38 qui ont des réduits casematés d'une grande capacité de résistance, et pour cela qu'il exécute un passage de fossé à l'eau : il faut qu'il se loge sur le deuxième glacis sous le feu du cavalier et des bastions 13 et 14; il faut qu'il opère un nouveau passage de fossé à l'eau pour s'établir sur le terre-plein du fort C, et qu'il construise ses batteries de brèche contre les ouvrages casematés 13 et 14, et contre l'escarpe de la deuxième enceinte : il faut qu'il s'y établisse et qu'il fasse brèche aux deux réduits casematés de la gorge.

Cela fait en tout quatre époques de batteries de brèche et deux passages de fossé à l'eau ! Il y aurait là de graves difficultés.

Toutefois il nous est impossible de ne pas remarquer que le fossé des faces du bastion 13 est mal défendu et que le feu des flancs ou orillons du bastion 13 et du bastion 14, fiche dans le massif du cavalier et réciproquement.

PLAN D'ATTAQUE

**DIRIGÉE CONTRE LE FORT LÉOPOLD COMME
ÉTUDE DE TRAVAUX DE SIÉGE CONTRE UNE PLACE FORTIFIÉE
D'APRÈS L'ÉCOLE ALLEMANDE.**

(Voy. pl. III.)

———

Nous devons avant tout apprécier quelle pourrait être la force de la garnison de Rastadt d'après la capacité de ses ouvrages défensifs, et l'armement des bouches à feu de toute sorte qu'elle pourrait opposer à une armée de siége, en nous basant sur les données de Montalembert, relatives aux tours et casernes casematées qui se trouvent dans l'histoire de la *Fortification permanente* de M. A. de Zastrow.

D'après un calcul aussi exact que possible, nous avons trouvé que les ouvrages de toute sorte, qui sont au nombre de 47, pourraient contenir pour une bonne défense de 10760 à 12000 hommes de cavalerie et infanterie, et 734 bouches à feu servies par 4400 artilleurs, à raison de 6 artilleurs par pièce ; ce qui ferait monter le total de la garnison à 16400 hommes et 734 bouches à feu.

Voici les détails de cette appréciation, qui peut n'être que très-approximative pour le but que nous nous proposons ; mais nous avons cru devoir donner des chiffres un peu forts, à cause de la possibilité de loger des troupes dans le camp retranché du Niederwiesen.

OUVRAGES DÉTACHÉS.	GARNISON.	BOUCHES A FEU.
N° 37	160 h.	12
N° 36	150	12
N° 35	120	12
N° 34	160	12
N° 33	160	12
N° 47	160	12
N° 46	130	0
N° 45	260	24
N° 43	300	0
N° 44	280	24
N° 42	210	24
N° 41	200	24
N° 40	200	24
N° 39	160	6
N° 38	160	6
Fort C.	1500	108
Mittlerer-Anschluss 2 courtines	600	14
Bastion n° 12	500	24
Bastion n° 11	500	24
Fort A.	1500	192
A reporter. . .	7410	566

Report. . .	7410	566
Oberer-Anschluss 2 courtines	600	4
Bastion n° 30	500	24
Fort B.	750	70
Unterer-Anschluss et camp re-tranché du Niederwiesen.	1500	70
Cavalerie et Infanterie.	10760	734 b^{es} à feu.
Artilleurs.	4404	
Parc, Train, Génie.	1240	

16404 hommes.

D'après les données les plus généralement admises, la proportion de l'armée de siége à l'armée de défense est comme 6 est à 1. Si donc la garnison est de 16404, l'armée de siége devra être de 98424 hommes environ.

Nous la supposerons répartie en 9 divisions : chaque division sera composée de 2 brigades d'infanterie de 4320 hommes chaque : ci. . . 8640 h.

D'une brigade de cavalerie forte de 2 régiments à 500 chevaux chacun : ci. . . 1000

De pontonniers, sapeurs : ci. 360

Total. . . 10000 h.

Les 9 divisions ensemble. . . . . . 90000 h.

Chaque division aura en outre 2 batteries de position de 6

A Reporter. . . 90000

Report. . .	90000 h.

pièces chacune, total 108
pièces servies par 18 compagnies d'artillerie à 150
hommes chaque. 2700

Il y aura (à raison de 4 pièces
par mille hommes, en tout)
284 bouches à feu de siége,
servies (à raison de 10 ca-
nonniers par pièce), par ar-
tilleur. 2840

Train, parc du génie et de
l'artillerie. 2884

Total. . . . . . 98424 h.

En résumé, l'armée de siége
serait composée ainsi :

Infanterie. . . . . 77760 h.
Cavalerie. 9000
Pontonniers et sapeurs. . . 3240
Artilleurs, pièces de position. 2700
— pièces de siége. . 2840
Train, parc du génie et de
l'artillerie. 2884

98424 h.

Et bouches à feu de siége. . 284
— de position. 108

392

Vu la nature des ouvrages à attaquer et la grande quantité de casemates à l'épreuve de la bombe, et de réduits en maçonnerie dont l'assiégeant devra se rendre maître, voici, selon nous, quelle devrait être à peu près la composition du matériel de siége, quant aux calibres :

Pièces de position. . 72 pièces de 12, modèle 1839.

18 obusiers de 16 c.

18 obusiers de 12 c., pour les shrapnells.

Pièces de siége. . . 100 pièces de 24, modèle 1839.

50 mortiers de 32 c. (bombes du poids de 72 k.)

50 obusiers de 22 c., en bronze (obus du poids de 22 à 25 kilog.).

40 can.-obusiers en fonte de fer de 22 c. (id.)

(Si l'on peut en avoir) 44 canons du calibre de ceux à bombes de 22 c., se chargeant par la culasse, rayés et lançant des projectiles ogivo-cyl. du poids de 30 kilog., à la distance moyenne de 3000^m.

Total. . . 392

Total 392 pièces approvisionnées à 800 coups l'une dans l'autre.

Les compagnies de chasseurs et de tirailleurs appartenant aux divisions d'infanterie qui fourniront à tour de rôle les gardes de tranchée et les détachements destinés à protéger les travailleurs, devront autant que possible être armés d'une carabine pareille à celle dont le modèle a été adopté en Suisse en 1850, dont le poids est de 5 kilog. 25. La balle ogivo-cylindrique pèse 17 grammes, sa longueur est de 24 millimètres : la rayure du canon fait exécuter un tour à la balle, pour un trajet de $0^m,90$. Avec cette arme on tire très-juste à 750 mètres, et le projectile peut traverser à cette distance une planche de $0^m,05$ d'épaisseur.

Nous supposons que l'armée assiégeante se dirigera sur Rastadt par la rive droite du Rhin et s'avancera par les routes de Kehl, d'Offembourg et par le chemin de fer de Kehl à Carlsruhe. L'armée occupera les villages de Oos (1), Hügelsheim, Iffezheim, Sandweier, Haueneberstein, Forch, Küppenheim et Oberndorf, situés dans un rayon de 10 à 4 kilomètres de la place. De forts détachements de cavalerie appuyés d'artillerie pousseront des reconnaissances du côté de Niederbühl, refouleront les troupes de la garnison dans la place, et on s'occupera immédiatement à retrancher ce village, à blinder les bâtiments dont on pourrait se servir, tels que l'église,

(1) Voyez la carte (*Atlas vom Gross Herzogthum Baden noerdliche abtheilung*).

le moulin sur la Murg, et à créneler les maisons qui ont des vues sur les débouchés de la place. — L'occupation immédiate du village de Niederbühl est d'une grande importance pour l'assiégeant. Il sert de point d'appui et de masque à l'extrême droite de sa première parallèle. — Les magasins de parc s'établiront à une distance de 1500^m des glacis des lunettes XXXIV et XXXIII, deux dans la forêt dite Iffezheimer-Wald, le troisième dans le Niederbühler-Wald. Les approvisionnements de bois pour gabions, saucissons, fascines à tracer, plate-formes, palissades et fraises pour les redoutes, pourront être faits sur place et diminueront d'autant les chariages et les transports. — Les ruisseaux Oosbach, Rohrgraben et Landgraben fourniront de l'eau pour la consommation de l'armée ; mais on fera bien de réunir par un bief le Rohrgraben à l'Oosbach, parce que le premier gênerait plus tard l'établissement des zigzags et les batteries de l'assiégeant.

Première parallèle. — On ouvrira la première parallèle à 600^m des glacis des lunettes XXXIV et XXXIII du fort A, la gauche appuyée à l'escarpement qui domine le Bruch-Wiesen, et à une redoute qu'on tracera de manière à ce que sa face principale enfile la route de Kehl depuis sa sortie de la place et de manière aussi à pouvoir éteindre les feux de la redoute 35, si elle essayait de prendre des revers sur la *Redoute-Batterie* n° 1. — La parallèle coupe la route de Baden et celle de la vallée de la Murg, et va s'appuyer à la Murg en arrière du moulin de Niederbühl (1). Les inflexions de la parallèle ont lieu à chaque rencontre des prolongements des capitales des bastions v, iv, iii et ii (pl. III), suivant lesquelles les attaques seront dirigées. Le développement de cette parallèle est de 2590^m, et celui des boyaux de communication en arrière avec les magasins de parcs est de 3,435^m environ.

On construira en avant de la première parallèle et dès la première nuit six batteries ou redoutes désignées sur la planche III, par les n°s 1, 2, 3, 4, 4 (bis) et 5, dont nous allons indiquer la destination.

N° 1. La redoute batterie n° 1 est destinée à surveiller les sorties de la place par la route de Kehl, à contrebattre le feu des ouvrages 35, 36 et 37, à diriger des feux plongeants sur les ouvrages casematés des lunettes xxxiii et xxxiv, et aussi à lancer sur les maçonneries du fort A des projectiles de gros calibre.

N° 2. La batterie n° 2 sera armée de mortiers, de 32^c pour lancer des bombes sur les maçonneries des lunettes xxxiii et xxxiv sur celles du fort A.

N° 3. La batterie n° 3 lancera des bombes sur les caponnières et les casernes casematées du fort ; balayera les sorties que l'ennemi pourrait tenter par la route

---

(1) Dans la planche n° 111, nous avons indiqué un prolongement pointé de la première parallèle, avec trois batteries A, B, C. Ce serait pour le cas où l'assiégeant aurait un matériel assez nombreux pour combattre le feu des ouvrages 47 et 45, et prendre à dos les bastions iv, v, vi et vii du fort *Leopoia*.

d'Offembourg, et canonnera par des feux plongeants et directs les réduits de places d'armes visibles du fort A, et ceux de la lunette xxxIII.

N.º 4. La batterie nº 4 sera armée de mortiers et de canons.

Nº4 *bis*. Elle est destinée à tirer sur les maçonneries de la lunette xxxIII et sur les casemates du fort A.

Le nº 4 *bis* ne sera, à cause de sa position, armé que de mortiers qui lanceront des bombes sur les casernes et les casemates du fort A.

Nº 5. La redoute hexagonale nº 2, qui termine la première parallèle, sera construite dans l'espace compris entre la Murg et le bief du moulin ; elle est à 1500ᵐ de la redoute 47, dont elle pourra contrebattre les feux avec deux ou trois canons à âme rayée lançant des projectiles ogivo-cylindriques. Quant aux autres faces, elles pourront agir en se servant des mêmes calibres contre les casernes casematées du fort A et contre les maçonneries visibles de l'Oberer–Anschluss.

Les 165 canons ou mortiers dont ces batteries peuvent être armées commenceront à jouer contre les ouvrages de la place aussitôt que les plate-formes seront posées.

Pendant ce temps, les sapeurs commenceront à cheminer en zigzags sur la capitale I, et de la lunette xxxIV entre la capitale I et II, et entre la capitale II et III. Sur la capitale III, on se servira d'une portion du chemin qui conduit au village de Niederbühl, et à 235ᵐ on fera un retour à gauche, croisant la capitale nº III.

La seconde parallèle s'ouvrira à 300^m en avant de la première, à la sape volante.

Nous avons évité le plus possible de construire nos batteries et nos zigzags en capitale à cause des feux en capitale des batteries blindées des bastions VI, IV et III et des réduits et batteries des lunettes XXXIII et XXXIV.

Seconde parallèle. — La seconde parallèle, s'appuiera à droite au village retranché de Niederbühl, et à gauche à la batterie n_0 6.

Elle a environ 1615^m de développement. Si l'assiégeant jugeait prudent de mieux protéger l'extrême droite de la seconde parallèle contre des retours offensifs, il pourrait construire en tête de pont sur la Murg la batterie-blockaus n° 10.

En avant de la seconde parallèle, l'assiégeant construira les batteries 6, 7, 8 et 9.

Pendant que les batteries de la première parallèle continueront à tonner contre les casemates, du fort celles de la seconde dirigeront surtout leurs feux contre les réduits et les batteries blindées des lunettes n_0 XXXIII et XXXIV, dont on doit commencer par s'emparer. Ces batteries pourront être armées de 110 bouches à feu et pendant leur action, les sapeurs amorceront les trois attaques suivant les capitales I, II, et III, qui ne gênent nullement le feu des batteries en arrière, à cause de l'attention que nous avons eue d'armer de mortiers les faces de ces batteries dont le feu croiserait de trop près les crochets des boyaux de tranchées.

Troisième parallèle. — A 225ᵐ en avant de
la deuxième, on commencera la troisième parallèle qui
s'appuiera à droite à la batterie nᵒ 12 et se terminera à
gauche par un crochet en arrière. Son développement
est de 1420ᵐ ; elle s'exécutera autant que possible à
la sape volante, à cause de l'avantage *inappréciable*
pour l'assiégeant de n'avoir pas à craindre dans ses
tranchées des coups d'enfilade et de revers.

A 45ᵐ de la capitale nᵒ 11, comptés à droite et à gauche sur la troisième parallèle, on commencera une portion circulaire à la sape pleine, et on marchera en sape
double et debout sur la capitale nᵒ 11, pendant environ
50ᵐ, puis on fera un retour de 100ᵐ à gauche et de 20ᵐ
à droite en sape pleine, et on commencera la construction de la grande batterie nᵒ 11, destinée à ruiner les
réduits, les batteries casematées et la caponnière casematée des lunettes xxxiii et xxxiv, par des coups de revers. Cette batterie, vu sa position entre deux feux, devra
être d'un haut relief et contenir deux grandes traverses :
elle pourra contenir 16 pièces ou mortiers. Sa distance
aux maçonneries des lunettes étant de 300ᵐ environ,
on devra employer de préférence des obus de 22ᵉ à faible charge, qu'on tirera contre les massifs de terre pour
les faire ébouler, et contre les maçonneries pour les
ébranler : on pourra aussi employer les shrapnells
pour balayer les terre-pleins et les banquettes.

Pendant ce temps, à 45ᵐ des capitales i et iii, comptés à gauche et à droite sur la troisième parallèle, on
commencera deux portions circulaires qui se réuniront

à 45ᵐ mètres en avant : puis on cheminera sur le saillant des deux lunettes en sape double et debout, qu'on arrêtera à 35ᵐ du saillant du chemin couvert.

Pendant ces travaux de sape, la batterie n° 11 canonnera vivement les deux lunettes, et les batteries n° 6, n° 7, n° 8 et n° 9, qui jouaient sur elle, devront cesser leurs feux contre ces ouvrages et le tourner contre les maçonneries des bastions v, iv et iii, et contre les caponnières et les réduits casematés de ces bastions, afin de ne pas contrarier les travaux de couronnement du chemin couvert des deux lunettes.

Attaque des lunettes 34 et 33. — Les couronnements de chemin couvert se feront à la sape pleine, car il n'y a pas de traverses dans le chemin couvert : celui de la lunette xxxiv devra avoir en face du saillant où existe le pan coupé du glacis (Voy. pl. i,) un haut relief pour ne pas être plongé. A gauche et à droite on construira deux redans de 20ᵐ de face, se coupant sous l'angle de 100 à 120°, auxquels on donnera au moins 3ᵐ 80 à 4ᵐ de relief au-dessus du terrain : ce seront les cavaliers de tranchée où on établira les carabiniers les plus adroits pour tirer sur les embrasures de la batterie blindée du saillant et sur les banquettes. La batterie n° 11 défilant ces cavaliers des vues que les deux lunettes pourraient avoir sur eux, on ne sera pas obligé de faire de crochets en retour.

Les sapeurs amorceront deux bouts de boyaux marchant à la rencontre l'un de l'autre pour relier par une demi-place d'armes le couronnement du chemin couvert de la lunette xxxiv avec la batterie n° 11.

Les couronnements embrasseront environ 75^m sur chaque face de la lunette : dès que la construction des batteries de brèche sera achevée, on les armera avec des pièces de 24, tirées des batteries 6, 7, 8 et 9, et on commencera immédiatement les descentes de fossés blindées.

Dès que les batteries pourront commencer leur feu, elles l'ouvriront uniquement contre l'escarpe du saillant, car elles n'auront plus à s'inquiéter beaucoup (quant à la lunette n° xxxiii) des deux bastionnets des angles d'épaule qui auront été le but spécial des coups plongeants des batteries 8 et 9.

Dès que la brèche aura été ouverte, on donnera l'assaut pour la lunette xxxiv, on s'établira dans le massif du parapet, et on aura soin de cheminer en se tenant à distance des ruines de la batterie blindée et de la tour casematée, qui deviendraient le point de mire du canon de la place, et donneraient des éclats dangereux pour l'assiégeant. Dans la lunette xxxiii, on pourra prendre pour abri momentané la caponnière casematée qui relie la batterie du saillant à la tour à la Montalembert. Mais, comme la tour à demi démantelée et dont la garnison aura regagné le fort par la caponnière du bastion iii, si elle n'a pas été prise ou détruite, deviendrait une cible pour tous les coups partis du front d'attaque, on aura également garde de s'y retrancher, on traversera le glacis en zigzag, et on ira commencer une amorce de

4ᵉ parallèle qu'on mènera à la sape volante au-devant de celle commencée au débouché de la caponnière de l'autre lunette xxxiv.

Quatrième parallèle. — Les sapeurs profiteront du chemin qui conduit à la route du Murghtal et le couronneront d'une double gabionade à la sape volante, de manière à prolonger la 4ᵉ parallèle jusqu'à environ 290ᵐ des premières maisons de Niederbühl. Là, on construira la batterie n° 18 pour 16 bouches à feu, qu'on terminera par une demi-place d'armes, et on orientera ses faces de manière à ce qu'elles puissent battre la caponnière casematéedu bastion iii et la lunette n° x.

En avant de la lunette n° xxxiv, on poussera à gauche quatre boyaux de sape en zigzags, et on commencera la batterie n° 16, pour 16 bouches à feu, destinées à jouer sur les réduits casematés de place d'armes et sur la caponnière casematée du bastion n° v.

En avant de la 4ᵉ parallèle on construira la batterie n₀ 17 pour 12 bouches à feu destinées à jouer contre les maçonneries du front d'attaque.

L'extrémité de la 3ᵉ parallèle, qui se terminait à la batterie n° 12, se prolongera de 370ᵐ environ par un retour à droite de manière à avoir des vues sur le derrière des ouvrages du fort A et à les prendre à revers.

— Puis, on construira entre le bief du moulin et le bras détaché de la Murg, une batterie n° 13 , qu'on armera de pièces de gros calibre contre les casemates et d'obusiers de 12ᶜ pour tirer des shrapnells dans les terre-pleins.

Attaque des saillants des bastions nᵒˢ V, IV et III. — Ces préparatifs terminés, et pendant que le feu des batteries nᵒ 2 nᵒ 3, nᵒ 4, nₒ 6, nᵒ 7, nᵒ 8, nₒ 9, nᵒ 11, nᵒ 12, nᵒ 16, nᵒ 17 et nᵒ 18, c'est-à-dire le feu de près de 262 canons ou mortiers, pourra être dirigé à la fois de ces 13 batteries contre les maçonneries, les casernes et les réduits casematés de la place, l'assiégeant débouchera de la 4ᵉ parallèle par trois attaques simultanées suivant les capitales I, II et III. L'attaque du centre sur le bastion nᵒ IV cheminera en zigzags, celle de gauche et celle de droite chemineront en sape double et debout dans la caponnière à ciel ouvert des deux lunettes avancées dont le parapet les épaulera contre les coups de la lunette x et de la caponnière casematée du bastion III. Pour éviter les coups d'enfilade on construira des traverses en T, tous les 30 à 35 mètres.

Cinquième demi-parallèle. — A 150ᵐ de la 4ᵉ parallèle, comptés sur la capitale nₒ II, l'assiégeant fera bien de construire une nouvelle demi-parallèle ou place d'armes, à la droite de laquelle il amorcera un boyau de sape qui ira rejoindre la sape double dirigée sur le saillant du bastion nᵒ III.

Les sapeurs commenceront de même à droite de l'attaque de ce saillant et à 150ᵐ environ, un cheminement en zigzags pour aller se raccorder au couronnement du chemin couvert de ce bastion.

Cette place d'armes, ou 5ᵉ demi-parallèle, est motivée par la nécessité de tenir à portée du travail de couronnement de chemin couvert, qui embrassera environ 740ᵐ du bastion v au bastion iii, une tranchée derrière laquelle les défenseurs puissent se tenir à portée de secourir les travailleurs, et où l'on puisse réunir les approvisionnements considérables en gabions, saucissons et sacs à terre dont on aura besoin. On débouchera par une portion circulaire une sape double et debout et un T pour couronner le chemin couvert du saillant du bastion nᵒ iv.

Les ouvrages du fort qui pourront surtout incommoder les assiégeants pendant ce travail périlleux, sont les réduits casematés des places d'armes rentrantes et l'étage supérieur des caponnières casematées. Mais nous estimons que le feu concentré des batteries de l'attaque en général, et celui des nᵒˢ 16, 17, 11, 12 et 18 en particulier, aura considérablement entamé les maçonneries de ces ouvrages et presque éteint leurs feux.

Batteries de brèche. — Les batteries de brèche nᵒ 19, nᵒˢ 20, 21 et 22 auront pour objet :

1ᵒ La batterie nᵒ 19, de détruire toute la partie supérieure des réduits casematés en fer à cheval des places d'armes rentrantes du bastion V.

2ᵒ La batterie nᵒ 20, de canonner et d'abattre les murs d'escarpe des flancs bas des bastions vi et iv et d'y ouvrir une brèche.

3ᵒ La batterie nᵒ 21, d'ouvrir une brèche sur les

deux escarpes détachées des faces du bastion n° IV.

4° La batterie n° 22 agira sur les flancs bas des bastions n°s II et IV et sur les réduits casematés des places d'armes du bastion n° III. Comme les batteries 19 et n° 20 doivent agir sur les bastions IV, V et VI.

Descentes de fossé. — Pendant le travail de la construction des batteries de brèche, qui peut-être devront être blindées à cause des projectiles à feu courbes que l'assiégé ne manquera pas de faire pleuvoir sur elles, on commencera 4 ou 6 descentes de fossé blindées. Nous disons 4 ou 6, parce que l'assiégeant doit prévoir en premier lieu que le passage du fossé pourra être contrarié par des manœuvres d'eau, au moyen de l'écluse de chasse, située sur la face droite de la courtine de l'O-berer-Anschluss, et que dans ce cas il faudrait pouvoir préparer dans les galeries de jonction qui réuniraient deux descentes voisines, les radeaux ou digues nécessaires au passage du fossé, et en second lieu que la brèche à faire au grand réduit n° IX obligera à hisser sur le terre-plein du fort environ 30 bouches à feu (1).

La brèche une fois ouverte aux deux escarpes détachées du bastion n° IV, aux deux flancs bas des bastions

(1) Dans l'incertitude où sera l'assiégeant sur les projets de l'assiégé d'inonder les fossés, il devra, dans tous les cas, combiner la pente de sa descente de manière à ce qu'elle arrive à $0^m,40$ au-dessus du fossé supposé plein d'eau, quitte à faire une rampe blindée pour arriver au niveau du fossé sec, si l'assiégé ne recourt pas à des manœuvres d'eau.

II et IV, et aux deux flancs bas des bastions VI et IV, on achèvera de rendre praticables les descentes de la gauche et du centre, des attaques qui auront été réunies par des galeries de contrescarpe, auxquelles on percera des créneaux pour flanquer le passage du fossé. Si, comme cela est à craindre, l'assiégé inonde le fossé, l'assiégeant devra préparer des digues en fascines larges de 12 à 15^m au sommet, et dont la masse reposera sur le fond du fossé, puisque cette construction doit pouvoir porter de l'artillerie : on élèvera sur le côté de la digue qui regarde la lunette n_0 x, seul point encore dangereux pour l'assiégeant s'il n'a pas été évacué par l'assiégé, un parapet en gabionnade.

Passages du fossé.—La pl. n° III représente les passages du fossé supposé à sec. Le passage à l'extrême droite des attaques traverse le fossé de la caponnière casematée, s'appuie contre sa face gauche et va droit à la brèche faite au flanc bas du bastion n° III, Le second passage s'abrite derrière la face droite de la caponnière et va joindre, le long de l'escarpe du même bastion, la brèche faite à son flanc bas de droite. Les deux passages du centre des attaques se dirigent en biaisant légèrement sur les brèche faites à l'escarpe détachée du bastion n° IV. Le 5e passage a été tracé en zigzags ; il n'est pas destiné à l'artillerie, mais à servir aux colonnes d'attaque qui iront par derrière l'escarpe détachée préparer le logement sur les brèches, le percement du parapet et les rampes nécessaires pour que l'artillerie puisse être amenée sur le terre-plein du fort.

Le 6ᵉ passage se dirige droit sur la brèche faite à l'escarpe détachée du bastion nᵒ vi.

L'assiégeant, pour éviter les difficultés très-grandes et les dangers réels d'un passage de fossé, dans une eau courante, pourra bien essayer de détourner les eaux de l'Oosbach, mais ce ne serait pas là un remède complet, puisqu'il ne peut pas empêcher l'eau des fossés de l'O-berer-Anschluss d'entrer dans ceux du fort Léopold et d'aller se jeter dans ceux du Mittlerer-Anschluss. Nous estimons donc probable que les passages de fossé devront se faire au moyen de deux digues en fascinage coulées à fond et d'un ou denx radeaux, si besoin il y a. Les terre-pleins des lunettes xxxiii et xxxiv et les 4.ᵉ et 5ᵉ demi parallèles serviront très-utilement pour les immenses dépôts des matériaux nécessaires à la confection des digues et radeaux, tels que fascines, sacs à terre, gabions, claies, madriers, blindes et saucissons.

Attaque du réduit nᵒ IX. —L'assiégeant parvenu au niveau du terre-plein du fort débouchera par cinq cheminements en sape pleine, jusqu'à environ 150ᵐ de l'escarpe du réduit nᵒ iv. Nous n'estimons pas qu'il doive approcher davantage, parce que ce serait l'exposer trop longtemps aux coups des casernes nᵒ viii et du grand réduit, à moins que, comme cela est probable, les étages supérieurs de la tour et du réduit en fer à cheval n'aient trop souffert du canon de l'assiégeant pour avoir conservé leurs casemates et leurs embrasures en état de continuer un feu dangereux.

Batterie de brèche n° 23. — L'assiégeant devra mettre la plus grande activité à construire sa grande batterie de brèche n° 23, et à l'armer avec des obusiers de 22 c. et des pièces de 24. Aussitôt que la grande batterie aura 10 pièces en état de tirer elle ouvrira son feu, en commençant par écréter le glacis du réduit dont le fossé n'a pas de contrescarpe, afin de découvrir les maçonneries le plus bas possible. Si par extraordinaire le feu de la tour en fer à cheval était encore trop violent, l'assiégeant aura recours à un double épaulement, il pratiquera dans cet avant-parapet une large baie pour laisser passer les boulets d'une de ses pièces pointée sous un angle de 35 à 40° sur celle des embrasures du réduit qui ne peut apercevoir cette pièce à cause du défaut d'amplitude de son champ de tir. Quand l'embrasure de la casemate sur laquelle il pointait aura été démolie et la pièce démontée, l'assiégeant refermera la baie et en ouvrira une autre à côté contre l'embrasure suivante du réduit, sur laquelle il pointera, à travers cette baie, sous l'angle de 35° une des pièces de sa batterie de brèche, et ainsi de suite, jusqu'à ce qu'il ait démoli toutes les embrasures sans avoir à craindre que sa pièce soit démontée par le feu ennemi (1).

Assaut. — Il ne serait pas prudent de lancer des colonnes d'attaque sur les brèches faites à la tour case-

---

(1) Voyez pour plus de détails la pl. 11 des *Mémoires sur la Fortification tenaillée et polygonale, et sur la Fortification bastionnée.* Paris, chez Corréard, 1850.

matée en fer à cheval avant que le canon de la grande batterie n° 23 n'ait complétement démantelé la grande caserne casematée, la caserne n° viii, et celle qui s'appuie à la gorge du bastion n° 1.

L'assiégeant poussera à la droite des attaques un rameau de sape qui, en suivant la fausse braie tout le long des faces et du flanc gauche du bastion n° ii, ira déboucher sous le massif du parapet du bastion n° i, et s'avancera en zigzags vers le mur crénelé de la gorge qu'il fera sauter par la mine.

A l'extrême gauche des attaques l'assiégeant s'avancera par une sape double et debout et en se traversant autant que cela sera nécessaire sur la caserne n° viii, et s'élancera sur la brèche faite à ses murailles dès qu'elle sera assez large pour qu'on puisse y pénétrer. De la caserne, par un bout de sape il parviendra au mur crénelé de la gorge, et fera jouer un pétard contre lui.

Alors les colonnes d'attaque pourront donner l'assaut, et tpendant que celles du centre s'élanceront par le talut du glacis sur la brèche du réduit deux autres se glisseront par les boyaux de droite et de gauche, et iront prendre à revers les défenseurs de la tour du réduit central.

Ce sera la fin de la lutte.

Nous venons de faire un historique aussi complet que possible de la nature des travaux de siége qu'on devra entreprendre pour s'emparer du fort Léopold. Avant que de calculer le nombre de jours auquel on peut évaluer sa résistance, résumons les travaux en peu de mots :

Les travaux de tranchée pour les 3 premières parallèles se feront rapidement et à l'abri des coups de revers auxquels dans les siéges des polygones à grandes demi-lunes saillantes du système bastionné moderne l'assiégeant est fort exposé. Dès l'ouverture de la tranchée, il devra viser à écraser de bombes et d'obus toutes les casemates visibles de l'assiégé ; c'est pourquoi il commencera dès la première nuit les batteries 1, 2, 3, 4, 4 (*bis*) et 5. Car la démolition des embrasures, des réduits, casernes et tours casematées du fort peut se faire à distance et abrégera la durée du siége. Arrivé à la 3e parallèle, il marchera droit en capitale du bastion iv, pour construire la batterie n° 11 qui servira de masque à ses travaux d'attaque sur les 2 lunettes xxxiv et xxxiii dont il doit avant tout s'emparer.

Cette importante batterie canonnera à revers les maçonneries des 2 lunettes. Dès qu'elle aura ralenti leurs feux, l'assiégeant couronnera leurs chemins couverts (1re Époque de batterie de brèche et de passage de fossé).

Les lunettes prises, il joindra leurs gorges par une 4e parallèle.

De la quatrième parallèle l'assiégeant partira, au centre en zigzags, à droite et à gauche en sape double et debout pour arriver à couronner le chemin couvert de 3 saillant de bastions et à construire 4 batteries de brèche contre les réduits en fer à cheval, les caponnières et les escarpes détachées des bastions (seconde époque de batterie de brèche).

Le passage de fossé se préparera sur 6 points différents, les descentes seront à ciel ouvert ou blindées.

Le passage du fossé devra se faire sur des digues en fascine, très-probablement à cause des manœuvres d'eau auxquelles l'assiégé peut avoir recours (deuxième époque de passage de fossé).

Parvenu sur le terre-plein, l'assiégeant devra ouvrir encore le grand réduit casematé de la gorge (troisième époque de batterie de brèche.)

Et enfin il donnera l'assaut définitif.

De tous ces travaux les plus difficiles, les plus périlleux seront 1° le passage du fossé dans une eau courante à grande vitesse; 2° la construction de la grande batterie de brèche du réduit casematé sous le feu rapproché de cet ouvrage, s'il n'a pas été réduit au silence par le feu continuel de l'assiégeant.

Essayons maintenant d'évaluer le plus exactement que cela nous sera possible la durée des travaux de siége que nous venons d'énumérer.

Pour y parvenir, il importe d'abord de rappeler ici le calcul fait par Cormontaingne, dans son Mémorial sur la fortification permanente pour la durée des travaux de siége d'une place fortifiée à sa manière. Nous signalerons ensuite les distinctions à faire pour une place de la nature de celle dont nous nous occupons ici.

Le calcul crmmence à l'ouverture de la première parallèle, à 600^m des saillants du chemin couvert de l'ouvrage le plus avancé de la place : c'est la première nuit
du siége, le lendemain en est le premier jour.

La 3e nuit, on arrive à l'emplacement de la 2e parallèle à 300^m environ de la première. Dans l'espace de
2 jours et 3 nuits ou 60 h. on s'est avancé de 300^m vers
la place ou de 5^m par heure.

La 4e nuit la 2e parallèle est achevée.

La 5e nuit on débouche de la 2e parallèle.

La 8e nuit on arrive à l'emplacement de la 3e parallèle. En 3 jours et 4 nuits ou 84 heures on s'est avancé
de 240^m vers la place, soit 2^m,86 par heure.

La 9e nuit la 3e parallèle est achevée.

La 11e nuit on débouche de cette 3e parallèle, et on
arrive la 14e nuit sur l'emplacement du couronnement
du chemin couvert, à 60^m environ de la 3e parallèle ; il a
donc fallu autant de temps pour parcourir ces 60^m que
pour parcourir les 240^m entre la 2e et la 3e parallèle. On
n'avance plus que de 0^m,72 par heure.

Il faut 6 jours pour arriver de la 3e parallèle au couronnement des saillants.

Le 15, on commence les descentes de fossé, qui n'a-
vancent que de 0^m,17 par heure en moyenne. Pendant
ce temps on exécute la construction des batteries de
brèche.

Le 17, les batteries de brèche commencent à agir.

Le 19, les brèches sont praticables.

Il faut encore plusieurs jours pour que les descentes soient terminées.

Le 23e ou le 25e, on donne l'assaut.

S'il y a un retranchement, Bousmard admet que la défense peut être prolongée de 10 à 12 jours. Ainsi donc de 25 à 35 jours ; c'est pour une place fortifiée à la manière de Cormontaingne le terme ordinaire de la résistance.

Voyons dans l'exemple que nous avons choisi quelles seront les modifications à faire à ce calcul.

Nous croyons pouvoir, sans craindre d'être réfuté, établir que vu l'absence de tout revers sur les attaques, la 3e parallèle sera achevée la 8e nuit après l'ouverture de la tranchée. En effet, pour les hexagones de Bousmard, de Cormontaigne et de Vauban (3e manière modifiée par le commandant Choumara), la 3e parallèle se trace à 75 ou 80^m de la crête du glacis du chemin couvert et sous le feu rapproché de 4 1/2 lunes. Ici notre 3e parallèle est à 125^m, c'est-à-dire à 50^m moins près du glacis du chemin couvert des lunettes xxxiii et xxxiv, et le seul feu rapproché qu'elle ait à essuyer est celui de ces deux lunettes au lieu de celui de 4 ouvrages ; d'ailleurs elle peut se terminer à la batterie n° 12, ainsi que nous l'avons indiqué, ce qui réduit son développement à 1965^m au lieu de 2320^m (Voy. Emy, pl. 22).

Le commandant Choumara estime que de la 3e parallèle au couronnement du chemin couvert, on ne chemine qu'à raison de 0^m,72 par heure. Nous l'admettons, à cause de la position particulière dans laquelle se trouve l'assiégeant qui présente le flanc aux coups de revers des demi-lunes collatérales. —Ici, les 2 attaques sur le saillant des lunettes n'ont guère à craindre que des feux courbes, elles pourront avancer de 1^m par heure. Donc la deuxième nuit on commencera le couronnement du chemin couvert des deux lunettes, la batterie n° 11, les batteries de brèche et les deux descentes du fossé. Le 10° jour on continuera les batteries de brèche et les descentes de fossé. — Ces descentes au 1/4 d'inclinaison pour la hauteur, qui devront arriver à 1^m au-dessous du fond du fossé, auront environ 22^m de longueur ; elles seront blindées et avanceront de 1 ^{m} en 3 heures. Il faudra donc 66 heures pour chaque descente. Ainsi dans la 14° journée, les descentes étant praticables et les brèches ouvertes à l'escarpe, on pourra donner l'assaut aux lunettes, s'en emparer et commencer vers la gorge de ces ouvrages la 4° parallèle, dans la 16° nuit.

Remarquons ici qu'on ne peut pas admettre comme le moins du monde probable que le réduit oppose une résistance sérieuse à l'assaillant, car la batterie n° 11 a dû achever son démantèlement complet déjà fort avancé par le feu plongeant et continu des batteries n° 7, n° 8 et n° 9. C'est ici, nous le croyons du moins, que les partisans des maçonneries à découvert et des réduits casematés éprouveront de grands mécomptes sur la durée de résistance de ces ouvrages. Quels effets ne produiront pas sur leurs maçonneries le choc plongeant des obus pesant 25 kilog. et des projectiles ogivocylindriques du poids de 30 kilog. Ils déformeront les embrasures, couvriront les servants d'éclats de pierres, et encombreront le terre-plein de la lunette des décombres de la tour de sa caponnière et de ses murs crénelés.

La 16e nuit l'assiégeant établira sa 4e parallèle et construira les batteries 17, 16 et 18 qu'il perfectionnera dans la 15e journée. La 17e nuit il débouchera de la 4e parallèle par les trois sapes sur les capitales i, ii et iii. Pour arriver au couronnement du chemin couvert des bastions n°s v, iv et iii, l'assiégeant doit cheminer en zig-zags et en sape double et debout pendant 230^m sur la capitale n° 11 et 150^m sur les capitales i et iii. On calcule généralement que pour la sape double, on avance de 1^m en 20 minutes; mais remarquons ici que les caponnières des lunettes sont une tranchée toute faite contre les coups de revers; il suffira de construire contre l'enfilade des traverses tournantes de 35 en 35^m, en s'épaulant du gabion farci : on cheminera plus vite ainsi, c'est in-contestable, que dans la sape double où il n'y a aucun épaulement déjà fait contre les coups à dos des ouvrages collatéraux. — Admettons donc qu'on avancera d'un mètre courant en 15 minutes, il faudra 31 heures pour arriver au couronnement du chemin couvert. L'assiégeant y sera donc au bout de la 18e nuit, et le 17e jour il perfec-tionnera et élargira la tranchée et son couronnement.

Le 19e nuit il construira en y mettant suffisamment de monde ses 4 batteries de brèche, et commencera les deux descentes de fossé sur la gauche et sur la droite de la batterie n° 21. Ce sont ces deux-là qu'il importe de préparer le plus promptement, parce que dans l'hypothèse malheureusement trop probable où l'assiégé inondera les fossés du fort en levant les écluses de l'Oberer-Anschluss, il faut que les digues en fascines soient le plus éloignées possible de l'écluse de chasse, et que déjà l'impétuosité du courant ait été rompue par la résistance que lui opposeront les murailles de la caponnière casematée du bastion n° III. Il importe aussi que la traverséedu fossé soit la plus courte possible.

Ces deux descentes blindées inclinées au quart environ, de manière à aboutir à $0^m,40$ au dessus du fond du fossé, auront 26^m de longueur environ ; elles emploieront donc 78 heures de travail chacune, à raison de 3 heures par mètre courant, en sorte que, à la fin de la 22e nuit et pendant la 21e journée, l'assiégeant pourra perfectionner ses descentes et s'occuper à faire sa galerie de communication derrière la contrescarpe, entre les deux descentes, et à la percer de créneaux. — Il établira dans sa cinquième demi-parallèle et dans les terre-pleins des lunettes, des ateliers et des dépôts pour les digues en fascines de son passage de fossé ; il achèvera enfin les deux autres descentes de la gauche des attaques.

Ce même 21e jour commencera le feu des 4 batteries de brèche contre les réduits de place d'armes rentrantes, contre la caponnière casematée et contre les escarpes détachées des bastions. — Dès que les casemates auront été réduites au silence, l'assiégeant profitant de la brèche faite à l'escarpe du bastion V, se hâtera de lancer à travers le fossé une colonne avant que l'inondation n'arrive à la sape volante, et celle-ci pourra peut-être parvenir à se loger derrière l'escarpe détachée sans avoir besoin de recourir à un radeau ; en effet, l'assiégé ne peut inonder le fossé qu'après que la garnison de ses caponnières et casemates aura rejoint le corps de place, et celle-ci ne doit y rentrer qu'après que les batteries de brèche l'auront forcée à évacuer ces ouvrages si importants pour la défense du fossé.

Le fossé a 20ᵐ de largeur ; une digue en fascines de 12 à 15ᵐ de largeur au sommet, avec un parapet en gabionnade de côté, demande environ 40 heures de travail : les deux digues pourront donc être coulées et amenées au pied des brèches à la fin de la 24ᵉ nuit. Le 23ᵉ jour, le passage du fossé se fera sur les deux digues. Si le fossé a été inondé, les deux passages indiqués à droite dans la pl. III ne se feront pas, et l'assiégeant dirigera de suite à droite deux colonnes précédées de sapeurs qui fileront derrière l'escarpe détachée pour aller commencer, l'une le boyau dirigé vers la grande batterie à l'extrême droite, l'autre la sape dirigée vers le mur crénelé de la gorge du bastion n° 1 (1).

A supposer que le feu du grand réduit soit encore redoutable, ce dont nous nous permettons de douter à

---

(1) Si le courant était suffisamment rompu par les caponnières casematées du fossé pour permettre l'emploi de radeaux, on construirait des radeaux d'arbres de 12ᵐ de longueur et de 37-60 de largeur, qui pourraient transporter 200 hommes environ au pied de la brèche ; mais le pont-digue sera toujours obligatoire, à cause de la pesante artillerie qui doit être hissée sur le terre-plein du fort A.

cause des projectiles dont il aura été écrasé depuis 25 jours, les cheminements poussés en zigzags à 100ᵐ de l'escarpe détachée du fort, pour y construire la grande batterie de brèche n° 23, ne pourront avancer que de 1ᵐ courant par 20 minutes. Pour construire ces 110ᵐ de sape environ, sur quatre points à la fois, il faudra donc 36 heures. Ainsi, à la fin de la 26ᵉ nuit et le 25ᵉ jour, l'assiégeant pourra s'occuper à tracer la batterie n° 23, et il l'aura achevée à la fin du 25ᵉ jour. Pendant la 27ᵉ nuit on l'armera, et on construira en avant, si cela est nécessaire, un double épaulement. Le 26ᵉ jour, on ouvrira le feu, qui devra être violent et soutenu et qui durera jusqu'à la nuit.

La 28ᵉ nuit, on poussera les boyaux de gauche et de droite jusque tout près du mur crénelé de la gorge; et on massera les colonnes d'attaque dans le couronnement du chemin couvert et les tranchées voisines.

Le 28 au matin, on donnera l'assaut au réduit et aux casernes casematées.

Il ne faut pas se dissimuler une chose, c'est que la prise du fort A n'entraîne pas nécessairement celle de la ville de Rastadt, puisque, comme nous l'avons remarqué, chacun des forts est fermé à la gorge et que les trois enceintes sont isolées des forts; mais ces murs crénelés de la gorge ne sont pas de formidables obstacles, et une fois le fort Léopold pris, toute la partie de la ville située sur la rive gauche de la Murg devra se rendre bientôt; il ne restera que le fort B et l'Unterer-Anschluss;

si le premier est enlevé par la gorge, cette dernière enceinte tombera immédiatement.

Nous avons recherché avec toute l'impartialité dont nous sommes capable(1) la durée de la résistance d'une fortification à la manière allemande, et nous avons pris Rastadt pour sujet d'étude. Eh bien, cette durée n'est que de trois jours supérieure à la résistance d'une place à la Cormontaingne supposée sans retranchement à la gorge de son bastion d'attaque, et de 7 jours inférieure à la résistance de cette même place pourvue d'un retranchement même passager à la gorge du bastion attaqué (2). Elle est inférieure de quatre jours à la durée de résistance d'une place fortifiée d'après la troisième manière de Vauban. Dans ses mémoires sur la fortification, chap. xxii, M. le commandant Choumara a proposé d'appliquer au troisième tracé de Vauban des modifications qui portent surtout sur les masses couvrantes et les fossés, et qui par une disposition aussi in-

(1) On nous dira peut-être que nous n'avons pas tenu compte des difficultés provenant de la guerre souterraine. A cela nous n'avons qu'un mot à répondre : c'est qu'on ne peut jamais calculer l'imprévu. Il est probable qu'il y a des galeries de mines sous le fort A, mais s'étendent-elles à 80ᵐ des saillants seulement, ou plus avant dans la campagne, les écoutes sont-elles situées sous les capitales ou leur sont-elles parallèles ? Tout cela demeure inconnu. Dans les appréciations de la force des places, par Cormontaingne et Bousmard, cet élément de résistance n'a pas été non plus calculé : mais l'assiégeant a des moyens de les combattre qui ont été encore perfectionnés depuis l'excellent *Traité sur la Fortification souterraine*, du commandant Mouzé.

(2) Voyez Zastrow, *Histoire de la Fortification permanente*, t. ii, p. 41.

génieuse que bien raisonnée, obligeraient l'ennemi à ouvrir sa première parallèle à 1000^m du côté extérieur du corps de place, car le saillant du chemin couvert de la demi-lune est à 400^m en avant de cette ligne. L'assiégeant aurait à construire successivement six batteries de brèche et à faire trois passages de fossé. Enfin, le calcul, qui nous a paru très-exact, amène à 130 jours de tranchée ouverte pour prendre un hexagone de 360^m de côté, ainsi modifié!

Que conclure de là? c'est que les innovations introduites dans la fortification permanente, par les ingénieurs allemands, n'ont pas rempli le but qu'ils se proposaient, et qui était sans aucun doute d'augmenter la force et la durée de résistance de leurs places de guerre. A quoi cela tient-il? Nous croyons le savoir, et nous ne craindrons pas de le dire, puisque, comme nous avons déjà eu l'occasion de le déclarer à plusieurs reprises, notre unique but est l'avancement de la science, sans distinction d'écoles. Les ingénieurs allemands font trop consister la résistance d'une place dans la profusion des retranchements intérieurs, et des réduits casematés. Leurs tracés n'accusent pas des rentrants et des saillants assez prononcés. Il n'y a pas de point décidément faible, mais il n'y a pas de point fort. Ils ne font pas assez cas des grandes masses couvrantes en terre, et prodiguent trop les maçonneries découvertes et les petits réduits casematés. Il résulte de ces divers caractères que l'assiégeant avance rapidement dans la première période du siége, et avec un matériel d'artillerie suffisamment nombreux, il peut ruiner les défenses de l'assiégé et atténuer, si ce n'est annihiler, les ressources que celui-ci aurait besoin de conserver intactes pour la dernière période du siége.

Si le temps nous l'avait permis, nous aurions joint à cette étude de siége d'une place allemande, une étude de siége d'une place fortifiée d'après le système bastionné perfectionné par les ingénieurs modernes, telles que Lyon ou Grenoble qui présentent de beaux exemples de fortification pliée au terrain. — Peut-être pourrons-nous compléter ce travail. En attendant, nous offrons au public le résultat de nos études sur Rastadt, bien persuadés que, quelle que soit la tournure que prennent les événements politiques, le public allemand ne se méprendra pas sur nos intentions.

NOTE ADDITIONNELLE

SUR LA PLACE DE RASTADT.

Nous trouvons dans les suppléments de la *Gazette d'Augsbourg* (19 et 20 mai 1850) quelques détails sur Rastadt qui sont très-probablement de la plume d'un militaire allemand, très-compétent dans la question, et dont il nous semble à propos de donner connaissance à nos lecteurs : d'autant plus qu'ils verront que les ouvrages 40, 41, 42 et 44 n'ont pas encore été entièrement exécutés, faute de crédits suffisants. Cela ne change rien à notre travail et à nos conclusions, puisque nous raisonnons dans l'hypothèse où la place aurait réellement toutes les ressources de défense que nous lui avons attribuées.

Voici quelques-unes des observations de l'écrivain allemand :

« La place de Rastadt doit son importance stratégique à l'éta-
» blissement d'un camp retranché pour 25,000 hommes sous
» le canon de la place. Ce camp retranché peut, à la rigueur
» (en l'absence de l'armée qui l'occuperait), être gardé et dé-
» fendu par la garnison proprement dite de la place qui est éva-
» luée à environ 10,000 hommes. C'est en 1841 que la Diète

» germanique décida de fortifier Rastadt et d'y consacrer la
» somme de 10 millions de florins (y compris l'armement
» estimé à 1,267,000 florins) : restaient donc pour les forti-
» fications 8,732,400 florins).

» Le projet original des fortifications, dont on attribue les
» dispositions générales au F. Z. M. comte de Latour (mas-
» sacré à Vienne en octobre 1848), plaçait le camp retranché
» au nord-est et à l'est de la place, jusqu'au delà du ruisseau
» du Federbach (1), sur lequel on devait construire un ou-
» vrage important.

» Soit que les dépenses aient excédé les devis, soit pour
» une autre cause, on renonça au fort sur le Federbach, le
» camp retranché devant être établi en deçà du Niederwald,
» c'est-à-dire considérablement diminué en étendue ; les ou-
» vrages dont se serait composée son enceinte devaient s'ap-
» puyer au fort B.

» De nouveaux excédants de frais amenèrent de nouvelles
» et nombreuses réductions dans le plan général, en particu-
» lier pour le camp retranché ; on renonça à plusieurs des ou-
» vrages dont il devait se composer, et on se décida à ne forti-
» fier d'une manière permanente que les points principaux, le
» reste de son enceinte devant ne se composer que d'ouvrages
» de fortification de campagne qu'on élèverait en cas de guerre.

» Plus tard enfin, on renonça même à cette dernière idée,
» on abandonna tout le terrain situé entre le Niederwald et
» le fort B, et on destina pour le camp retranché le terrain
» situé au nord et au nord-ouest de la place sur les deux rives
» de la Murg jusqu'au delà de Rheinau. Les devis pour l'an-

(1) Voyez la carte appelée *Atlas vom Grosherzogthum Baden
noerdliche abtheilung*, section de Rastadt.

» née 1849 s'élevaient à 486,655 florins pour les ouvrages
» du camp absolument indispensables, somme qui fut réduite
» à 381,450 florins. Malgré ces réductions, la somme primi-
» tive de 10 millions se trouvant dépassée de 113,289 florins,
» la commission de Francfort décida que les dépenses ne de-
» vraient pas dépasser les crédits ouverts, *quand même il*
» *faudrait renoncer à tous les ouvrages du camp.* »

L'auteur de l'article observe en outre que si la place ren-
ferme un très-grand nombre de locaux à l'abri de la bombe,
les deux casernes défensives ne peuvent contenir qu'une
partie de la garnison, et que la Wilhem's caserne, qui n'est
pas voûtée, se trouve très-exposée, et en cas de bombarde-
ment ne serait pas tenable longtemps malgré des blindages.

Le chemin de fer venant de Carlsruhe se dirige d'abord en
ligne droite de l'est nord-est à l'ouest sud-ouest, à peu près en
capitale du fort B, puis tourne au sud-est et suit une direction
à peu près parallèle à l'Oberer-Anschluss. Cette partie du chemin de fer passe environ à 650^m de cette enceinte et occupe
le sommet de la berge, tandis que les ouvrages sont au-dessous.
La différence de niveau de leurs plans de site peut s'élever de
3^m,60 à 4^m,50 ; le plus élevé de ces deux niveaux, celui du
chemin de fer, est formé par une levée en terre dont la hauteur
est de 4^m environ au-dessus du lit de la Murg. La largeur de
cette levée au sommet est de 7^m,5 : elle forme par conséquent
une sorte de ligne de contrevallation ou de parallèle toute prête
contre la place. L'écrivain allemand fait ressortir les graves
inconvénients de cet état de choses pour la défense de la place
(inconvénients qui se sont montrés en 1849).

En été, la Murg a très-peu d'eau ; on ne pourrait donc guère
compter sur les inondations des bas-fonds devant l'Oberer-
Anschluss.

En cas de siége, les Français pourraient tirer tout leur matériel de siége et de munitions de Strasbourg. S'ils attaquaient le fort A, ils pourraient tirer un grand parti de la levée du chemin de fer, ne fût-ce que pour une attaque simulée.

Ces considérations ont déterminé l'établissement de deux lunettes (45 et 47) en amont de la station, pour couvrir cette dernière et battre efficacement la levée. La somme allouée en 1849 pour les ouvrages avancés avait été réduite à 405,195 florins, et au commencement de 1840 une des lunettes près de la station (probablement celle qui porte le n° 45) avait été tracée et ses profils établis. — Pour l'année 1850, les crédits ne s'élèvent qu'à 400,000 florins, à l'aide desquels on doit entre autres achever ladite lunette.

On verra d'après la citation que nous venons de faire, que, dans notre discussion sur la valeur défensive de Rastadt, nous avons anticipé l'achèvement de tous les ouvrages qui composeront une fois son enceinte, mais encore une fois cela ne changera rien à nos conclusions. La levée du chemin de fer peut ne pas servir de parallèle contre l'Oberer-Anschluss, parce qu'elle refuse sa gauche, si on peut s'exprimer ainsi; d'ailleurs ce ne serait pas là le front d'attaque à choisir, mais bien celui du fort A, ainsi que nous croyons l'avoir clairement démontré.

TABLE DES MATIÈRES.

FIN DE LA TABLE.

OUVRAGES DU MÊME AUTEUR.

———

ESSAI SUR LA FORTIFICATION MODERNE ou analyse comparée des systèmes français et allemands, 1 vol. in-8° avec un atlas de quinze planches. 1843.   12 fr.

CONSIDÉRATIONS SUR L'AVANTAGE OU LE DÉSAVANTAGE d'entourer les villes maritimes de France d'une enceinte continue fortifiée, tirées des résultats pratiques de l'efficacité du tir à la mer. Brochure in-8°. 1847.   2 fr.

EXAMEN DU NOUVEAU SYSTÈME DE PONTS A CHEVALETS proposé par le chevalier de Birago, major au grand état-major général autrichien, suivi de l'exposé d'un nouveau système de ponts militaires à supports flottants. Brochure in-8°, avec planche. 1847. 2 fr. 50 c.

MÉMOIRE SUR LES ANGLES MORTS DES RETRANCHEMENTS de campagne et sur quelques autres points de fortification passagère. Brochure in-8°, avec planches. 1848.   2 fr. 50 c.

RECHERCHES HISTORIQUES SUR LA FORTIFICATION PASSAGÈRE, depuis les temps les plus reculés jusqu'à nos jours, suivies d'un aperçu sur l'état actuel de cette science, et sur le rôle qu'elle est appelée à jouer dans les guerres modernes. 1 vol. in-8°. 1849. 4 fr.

NOTICE SUR L'ESSAI des propriétés et la tactique des fusées à la Congrève, par le colonel d'artillerie A. Pictet. Broch. in-8°. 1849. 2 fr.

MÉMORIAL DE L'INGÉNIEUR MILITAIRE ou analyse abrégée des tracés de fortification permanente des principaux ingénieurs, depuis Vauban jusqu'à nos jours. 1 vol. in-8°, avec atlas in-folio de 17 planches gravées sur cuivre. 1849.   35 fr.

EXAMEN DE LA FORTIFICATION ET DE LA DÉFENSE des grandes places, par le lieutenant-colonel d'artillerie C.-A. Wittich. Brochure in-8° avec planches. 1849.   2 fr. 50 c.

EXAMEN DU MÉMOIRE SUR LES CANONS se chargeant par la culasse et sur leur application à la défense des places et des côtes, par Jean Cavalli, major d'artillerie, au service de S. M. Sarde. Brochure in-8° avec planches. 1849.   2 fr. 50 c.

MÉMOIRES sur la fortification tenaillée et polygonale et sur la fortification bastionnée. 1 vol. in-4, et atlas grand in-f. 1850. 25 fr.

———

Paris. — Imp. de H. V. de Surcy et Cie, rue de Sèvres, 37.